Ce qu'il reste d'abandon

&

After You Surrender

Ce qu'il reste d'abandon

୧୨

After You Surrender

poems in French and English

Laurent Maindon

English version translated
from the French by

Sabine Huynh

LEAKY BOOT PRESS

Ce qu'il reste d'abandon / *After You Surrender*
by Laurent Maindon

First published in 2017 by
Leaky Boot Press
http://www.leakyboot.com

ISBN: 978-1-909849-53-2

CE QU'IL RESTE D'ABANDON

D'outrages Nous Ne Saurions En Revenir

Coulée de lave noire figée
Boursouflure en alerte
Suspension de l'imminence
Mort ou bien naissance du monde

Un jour viendra
Que tu te plairas à imaginer
Et la rivière de s'écouler
J'en suis certain

Une coccinelle sur ta main
S'envole au couchant
L'idée d'un rayon vert
Retient ta respiration

Allongée sur la jetée
Tu sembles ranger les vagues
Ordonner les embruns
Quand nuit s'endort

Le soleil se lève
Découpe une part du monde
Embrase les cimes
Un désir s'éveille à l'aurore

Baiser sans retenue
Un souffle venant du large
Amour capturé sur le vif

Les vagues reviennent
Halètements et soupirs
Galbes au bord de l'érosion
L'horizon rougit

Le vol de l'albatros
Frôlement de la houle
Des frissons se propagent
Tes cris alertent les poissons

Sur la plage déserte
Le murmure du jusant
Ton con s'invite en mes narines

Au lointain un cargo
S'éloigne
Sur la courbure de l'océan
Tes seins tanguent du levant au couchant

Message en bouteille
Echoué sur la grève
Enfin le dernier mot

Falaise noire damasquinée
Tiroirs glissés dans la roche
Tes dessous mes mystères
Nos secrets millénaires y sommeillent

Tu marches sur les coquillages
Cimetière friable
L'envers du monde sous tes pieds

Les embruns sur ta peau
Entre sueur et larmes
Un arc-en-ciel s'échauffe
L'océan se retire

Statue fichée dans le sable
Le regard absent
Bras tendu et couronne
Un singe sourit dans notre dos

Au fond de la baïne
Un crabe alangui te menace
Ton regard le cuit en une seconde

Contre vents et marées
L'arbre prospère sur son rocher
Au mépris des soutiens
Agaçant l'air de ses feuilles dentelées

Un iceberg au loin dérive
Le vent soulève l'écume
Prépare en douce
Le cocktail du futur

Un souffle traverse l'érable
Le rouge des feuilles frémissant
Et la tristesse de t'enfuir

Des tréfonds du blockhaus
S'élève l'antienne des canonnades
Un vain lamento des trépassés
Que ne déchiffre plus personne

Le soleil lambine vers son zénith
Se contorsionne entre les nuages
Feint l'hésitation
Expérience euphorique de l'ennui

Dans le parc fleuri
Harmonie des senteurs
Ton vague à l'âme en exergue

Au jardin des similitudes
Des ruines se distinguent
L'éphémère en désuétude

Le vent hurle plusieurs notes
L'océan se coiffe de crêtes blanches
Le chant du départ immine

Les cumulus montent sur l'horizon
Bourgeonnant s'assombrissant
La marmite de l'enfer est en ébullition

Tes empreintes sculptent le sable
La marée les efface une à une
Et si tout n'était que souvenance

Défilé urgent de nuages
Les cimes penchent et vacillent
Fuseaux en déroute
Vertige de l'illusion

A la poursuite du printemps
Profusion des bourgeons
Ton ventre me parle
Une hirondelle au loin s'enfuit

Ta paupière soudain s'ébroue
L'œil inquiet cherche alentour
Incarnat de périls à venir
Un océan s'y noierait

Une heure ton regard de braise
De l'hiver à mes yeux
Eloge allègre de la lenteur

Tu glisses nue sur l'air
Alanguie sur la feuille d'automne
L'innocence soudain apatride

Nuit cousue au regard
Les rêves sont des comètes
Eternel éphémère de tes caresses

Cerisiers pruniers en fleurs
Baisers volants regards en feu
Abeilles par ci bourdons par là
Tu invalides ta part d'ombre

Entre chien et loup
Feuilles caprices ciseaux
Nos mains expertes
Ce qu'il reste d'abandon

Quand Cille Indecis
L'horizon Au Depourvu

Du chemin couvert de poussière
S'élève une image déformée
Tu flottes dans l'air cheveux ensorcelés
Mirage de l'incomplétude

Les paupières alourdies par le soleil
Sont des persiennes au regard alangui
Tu es une flamme posée sur l'apogée
Roulant des hanches silhouette élancée

Là où ciel et sente se fondent
Ondulant avec science et ardeur
Tu embrases les songes
Et flûtes les heures jusqu'à l'abandon

Quand glisse érudite la sueur sur ton cou
Salée de tes secrets les plus secrets
Une parhélie du désir prend feu
Consumant horloges et dettes à venir

Persistance de l'écho au réveil
Qui alimente l'illusion d'un firmament
Ton image se dédouble à l'infini
Dans la constellation du désoubli

Un chaloupé envahissant finit par l'hypnose
Une prophétie sans controverse
Ruine toute tentative de résolution
Et toi de t'évanouir sans traces ni ruines

Un feu follet irrésistible ment
Les mots alors chahutés
Virevoltent et s'entrelacent dans un soupir
Ci-gît la rémanence du désir

AFTER YOU SURRENDER

Translated from the French by
Sabine Huynh

No Way Out of This Hurt

All is cast in black lava
Lava-clad swelling
Suspension of imminence
Death or birth of the world

One day will come
You fancy you could see it
And the river will run its course
I'm sure it will

A ladybird on your hand
Flies away at sunset
The idea of a green beam
Has you hold your breath

Lying on the pier
You seem to be tidying the waves up
Sorting the sea spray out
Ocean of slumber night

The sun coming up
Divides the world
Ignites the treetops
Feeling amorous at dawn

Kissing without restraint
North wind from open sea
Love caught on the spot

Waves returning
Panting and sighing
Curves on the brink of erosion
Blushing horizon

The flight of the albatross
Brushes the swell
Spreading shivers across
Your screams scare the fishes away

On the deserted beach
The tide whisps
Your cunt presses against my nose

Far off a freighter
Moves away
On the ocean's curves
Your breasts sway from sunrise to sunset

Bottled up message
Washed up on the shore
Finally the last word

Adorned black cliff
Drawers set into the rock
The mysteries of your lingerie
Where our ancient secrets repose

You step on the shells
Friable graveyard
Under your feet the upturned world

Sea spray rest on your skin
Inlaid between sweat and tear drops
A rainbow warms up
The ocean pulls away

Like a statue fixed in the sand
Vacant look
Crown and arm held out
A monkey smiles in our back

Burrowing in the sand
At a languid pace a harmful crab
You shoot it daggers with your eyes

Through hell and high water
The tree grows from a crack on the rock
Ignoring the stakes
Its dentate leaves teasing the air

Far off an iceberg drifts away
The wind whips up the foam
Secretly preparing
The future's cocktail

The maple tree's leaves quiver
Their redness flutters
And your sadness vanishes

From the darker recesses of the bunker
The cannonade's antiphon is rising
The dead's futile lament
Forever inscrutable

The sun lazily moves toward its zenith
Twisting between the clouds
Feigning hesitation
Experiencing euphoric boredom

The garden blooms
In harmonious fragrances
Emphasizing your spleen

In the garden of sameness
Ruins stand out
The ephemerous has fallen into disuse

The wind notes sound shrieky
The crest of the waves whitens
Departure is about to be sang

Clouds pile up on the horizon
Burgeoning blackening
Boiling hell is breaking loose

Your footprints shape the sand
The tide erases them one by one
What if everything is just a memory

Swift procession of clouds
Treetops bending and wavering
Time zones in disarray
Dizziness of illusion

In pursuit of spring
Burgeoning and blooming
Your belly sends butterflies down my belly
The swallow is fleeing

Your eyelid suddenly flutters
The anxious eye looks around
Crimson perils on their way
Would drown even the ocean

An hour it takes to your burning eyes
Lost in winter to come meet mine
Joyful eulogy to slowness

Naked you surf the air
Languishing on the autumn leaf
Your innocence is suddenly stateless

Night seeps into the eyes
Star-strewn dreams
Time and eternity bound by your touch

Plum and cherry blossoms
Stolen kisses burning eyes
Bees and bumblebees here and there
You slay your dark side

At dusk
Paper-whim-scissors
Our skillful hands
After you surrender

Off Guard the Horizon
Blinks and Floats

From the dust-covered path
A distorted image rises
You float on air your hair bewitched
Mirage of incompleteness

Sun-drenched heavy eyelids
Are the louver blinds of languid eyes
You are the flame crowning the peak
Slender figure swiveling hips

Where the path blends into the sky
Undulating with learning and with passion
You set dreams ablaze
Before yielding the hours sing like a flute

When sweat knowingly glides down your neck
Made salty by your most hidden secrets
A halo of desire catches fire
Burning the clocks and burdens to come

Upon waking the echo lingers
Creating the illusion of a firmament
Your image splits ad infinitum
Within the constellation of memories

An invasive hip swing ends in hypnosis
Indisputable prophecy
Ruining all attempts to resolve
And you vanish without leaving tracks nor ruins

An irresistible wisp deceives
Thus the spilled words
Twirl and hug with a sigh
Here lies the afterglow of desire

www.ingramcontent.com/pod-product-compliance
Lightning Source LLC
LaVergne TN
LVHW041303080426
835510LV00009B/855